GENÉVE.

IMPRIMERIE E. PELLETIER,

Rue du Rhône, 64.

NOTICES

SUR LES

CHEMINS DE FER.

JUILLET 1832.

PARIS,

IMPRIMERIE DE GUIRAUDET,

RUE SAINT-HONORÉ, Nº 315.

1832.

NOTICES

sur les

CHEMINS DE FER,

PAR M. A. PERDONNET,

Ancien Élève de l'École Polytechnique; Professeur à l'École centrale
des Arts et Manufactures,

ET

MM. LAMÉ ET CLAPEYRON,

Ingénieurs au Corps royal des Mines.

Le temps est l'étoffe dont la vie est faite...

FRANKLIN.

—————————◦—————————

PARIS,

IMPRIMERIE DE GUIRAUDET,

RUE SAINT-HONORÉ, N° 315.

—

JUILLET 1832.

NOTICE

SUR LES

AVANTAGES DES CHEMINS DE FER

COMPARÉS AUX AUTRES VOIES
DE COMMUNICATION ARTIFICIELLE (1);

LUE A L'ASSOCIATION POLYTECHNIQUE DANS
SA SÉANCE DU 16 MAI 1832,

PAR M. AUGUSTE PERDONNET.

— ◦◦◦ —

MESSIEURS,

Parmi les grandes questions industrielles qui occupent aujourd'hui le public, aucune sans contredit n'est plus importante que celle des chemins de fer, aucune ne mérite davantage de fixer l'attention d'une société d'anciens élèves de l'Ecole Polytechnique.

Ce n'est pas une de ces questions purement industrielles, dont la solution n'intéresse vivement que les spéculateurs; elle touche en même temps à nos intérêts moraux et à nos intérêts matériels. Elle offre des sujets de méditation de la plus haute importance à l'administrateur et au philosophe, aussi bien qu'à l'ingénieur civil, au commerçant ou à l'homme de guerre. Il ne s'agit pas ici seulement d'un bénéfice pour une

---

(1) Cette notice n'est que l'extrait d'un travail beaucoup plus étendu qui sera publié.

société d'actionnaires, ou d'une faible économie sur les transports : les chemins de fer, par la prodigieuse célérité qu'ils établissent dans les communications, deviennent l'un des moyens les plus puissants de civilisation, comme un des remparts les plus efficaces contre des agressions ennemies.

Déjà les villes les plus populeuses des îles Britanniques, Liverpool, Manchester, Newcastle, Carlisle, Londres, Birmingham, Edimbourg, Glasgow, s'unissent ou veulent s'unir par des chemins de fer. Déjà chaque jour plus de mille voyageurs parcourent cette admirable route de Liverpool à Manchester, qui, la plus jeune des grandes routes en fer, s'est audacieusement posée rivale du plus vieux des canaux d'Angleterre. Déjà l'Amérique a jeté hardiment sur d'immenses marais de longues voies de fer, et nous annonce les plus gigantesques projets. L'Autriche même a ses chemins de fer. La France seule, appelée par sa position géographique à retirer de cette admirable invention des avantages encore plus signalés que tout autre pays, ne prend encore qu'une part timide à ce grand progrès industriel. C'est à nous, Messieurs, d'en appeler à son énergie.

Mais, si je reconnais les chemins de fer comme indispensables sur toutes les lignes où circulent de nombreux voyageurs et même sur toutes celles où doivent se développer les armées pour la défense du territoire, je ne pense pas que l'on puisse admettre aussi facilement leur supériorité sur les canaux dans les pays où il ne passe que des marchandises et dans ceux où la voie navigable dessèche et assainit d'infects marais, arrose et fertilise des plaines stériles, forme une ligne fortifiée, inonde les fossés et les glacis des places de guerre, sert à leur approvisionnement, fournit aux villes de l'eau potable, et enfin peut aussi curer et approfondir un port de mer. Les canaux semblent mériter encore la préférence dans certaines circonstances, et c'est à l'étude de ces circonstances que je m'attacherai plus particulièrement dans cette notice.

D'autres, plus éloquents que moi, ont écrit la poésie des chemins de fer ; je me bornerai à les considérer sous le point de vue positif. Obligé d'examiner avec scrupule toutes les faces de la question, je vais un instant vous parler un langage un peu aride ; mais vous savez, Messieurs, combien il importe dans de pareilles matières d'en appeler plutôt à la raison qu'à l'imagination, et vous m'écouterez avec une indulgente attention.

Les rivières sont très rarement d'un parcours facile et d'un régime régulier : elles sont toutes plus ou moins sinueuses, parsemées d'écueils, divagantes, torrentielles ou pauvres d'eau ; les lacs, la mer surtout présentent les chances d'une navigation souvent longue, irrégulière et périlleuse. De là la nécessité des routes, des canaux et des chemins de fer.

J'étudierai successivement :

Les routes et les chemins de fer, comme voies de roulage temporaires pour les travaux de terrassement et les travaux d'art ;

Les routes, les chemins de fer et les canaux, comme voies de communication du second ordre dans le voisinage ou dans l'intérieur des mines et des usines ; comme voies de communication du premier ordre pour le transport des marchandises, des voyageurs, des armées et du matériel de guerre.

Je signalerai ensuite les services éminents rendus par les canaux dans certaines circonstances particulières, indépendamment de leur utile emploi comme moyen de communication.

Les avantages des chemins de fer temporaires pour les travaux de terrassement et de construction ne sont pas suffisamment appréciés en France. En Angleterre on les applique à cet usage dans une foule de circonstances variées ; en Suède on s'en sert aussi très fréquemment, mais seulement pendant la belle saison, la neige formant tout naturellement pendant l'hiver une voie des plus unies.

Les chemins de fer offrent pour les travaux de terrassement d'autant plus d'avantages que la distance à parcourir est plus grande, que la masse à enlever est plus considérable et plus concentrée, et qu'il y a moins de pente à remonter avec la charge.

Déjà à la distance de 100 mètres en plaine le transport d'un mètre cube, qui coûte généralement 32 centimes et demie par des relais de brouette, ne revient qu'à 7 centimes au moyen d'un chemin de fer.

Ainsi les chemins de fer, employés comme voies de roulage temporaires, permettant de notables économies sur les travaux de déblais et de remblais, on pourra, en en faisant usage à propos dans la construction de nos grandes routes, donner à celles-ci une direction parfaitement rectiligne sans se jeter dans des frais excessifs.

J'ai vu en Angleterre les chemins de fer servant à la construction des canaux présenter ainsi le singulier spectacle de l'harmonie entre deux voies rivales.

Dans le même pays les pierres pour la construction des grands ponts sont transportées par chemins de fer, d'une manière en même temps prompte et économique, sur tous les points où elles doivent être placées. Elles sont alors suspendues à un châssis susceptible de se mouvoir à droite et à gauche de l'axe longitudinal du pont, sur un autre châssis qui lui-même roule dans le sens de cet axe sur le chemin de fer. Ce chemin repose sur des piliers verticaux placés des deux côtés du pont.

Je citerai enfin comme un des exemples les plus frappants des avantages que l'on peut retirer des chemins de fer dans les travaux publics l'heureuse application qui en a été faite par M. Adolphe Jullien, ingénieur des ponts-et-chaussées, aux travaux d'un pont-aquéduc sur l'Allier. M. Jullien, au moyen d'un chemin de fer construit sur des échafauds, a gagné considérablement de temps, a évité des avaries qui pouvaient occasioner de très grands frais, et n'estime pas à moins de cent mille francs l'économie déjà produite par l'établissement de cette voie perfectionnée.

Les sinuosités inévitables des galeries de mine, le peu de consistance de leur sol, et la nécessité des retours à vide, ne permettent pas d'employer les chemins de fer dans les travaux souterrains avec les mêmes avantages qu'à la superficie (1);

---

(1) L'effet utile d'un cheval revenant avec charge complète sur une route en fer, en plaine, est de 7 à 8 tonneaux de 1000 kilog. de marchandises transportés à 25 ou 30 kilomètres par jour, ou environ 200 tonneaux à 1 kilomètre. Dans les galeries sinueuses des mines de Silésie, à une distance de 200 mètres, avec retour à vide, il n'est que de 6,40 tonneaux à 1 kilomètre, et à une distance de 1200 mètres, de 14,50 tonneaux à 1 kilomètre. Dans une galerie à peu près droite des mines de Whingill en Cornouaille, à une distance de 1600 mètres, avec retour à vide, je le trouve de 70 tonneaux à 1 kilomètre.

cependant plusieurs centaines de lieues de routes en fer établies dans les mines de houille d'Angleterre, de Belgique et du nord de la France prouvent assez combien leur supériorité est encore marquée, même dans ce cas, sur une voie boueuse et inégale.

En Angleterre et en Silésie les canaux se prolongent quelquefois à de grandes distances sous terre jusque dans le cœur des montagnes. Le développement de ces cours d'eau navigables dans les seules mines de houille près de Manchester est de plus de dix lieues. Dans la célèbre mine de Vielizka on navigue à la lueur des torches sur de vastes lacs d'eau salée, entre des murs éclatants de sel gemme hauts de 300 pieds.

Les magnifiques usines à fer de Carron en Ecosse m'ont offert le plus admirable modèle de la combinaison des chemins de fer et des canaux pour le service d'un grand établissement. Environ cent acres de terre auprès de ces usines ont été convertis en réservoirs ou en étangs avec l'eau déviée de la rivière Carron au moyen de digues magnifiques construites à environ deux milles au-dessus de la fonderie. L'eau de ces réservoirs, après avoir fait tourner dix-huit grandes roues, alimente un canal sur lequel on transporte à la mer le produit des fourneaux. Plusieurs milles de chemins de fer sillonnent en outre l'usine et les propriétés environnantes dans tous les sens.

Mais je me hâte d'arriver à l'importante question des avantages respectifs des grandes voies de communications artificielles.

Les motifs qui peuvent déterminer à ouvrir une voie de communication artificielle sont de deux sortes : les uns, et ceux-là seuls touchent directement les compagnies de spéculateurs, découlent de considérations sur les revenus immédiats ou très prochains que l'entreprise peut procurer; les autres, qui doivent exercer une grande influence sur les décisions d'un gouvernement sage appelé à diriger à ses frais ou à concéder de nouvelles entreprises, se fondent sur les grands avantages sociaux que l'industrie et la civilisation du pays en retireront à des époques plus ou moins reculées.

J'ai dû traiter de ces motifs séparément.

Les compagnies trouvent la principale source de leurs bénéfices dans le transport des marchandises et des voyageurs. Les marchandises ont de deux sortes : les unes lourdes, encombrantes, et de peu de valeur, telles que les engrais, les grains, les fourrages, les charbons, etc. Les autres plus précieuses et d'un volume moins embarrassant, telles que les produits manufacturés, les denrées coloniales, les comestibles, etc. Les premières prennent toujours la voie la plus économique, sans égard pour la vitesse; les secondes sacrifient l'économie à la rapidité et à la régularité. Les voyageurs réclament la vitesse et la régularité avant tout.

Économie, *vitesse* et *régularité*, telles sont donc les qualités essentielles d'une voie de transport. Je considérerai d'abord les routes les canaux et les chemins de fer sous le point de vue de l'économie seulement.

Les frais de transport sur une voie quelconque se composent, de l'intérêt du capital de la construction, des frais d'entretien, administration et perception, et des frais de halage.

J'ai dû m'appliquer à évaluer séparément ces trois éléments distincts. Quelques auteurs, séduits sans doute par la netteté et l'élégance d'un énoncé général, les ont calculés par la méthode des moyennes, pour chacune des trois espèces de voies de communication, et ont pu de cette manière donner une solution presque absolue du problème; mais cette méthode, très souvent applicable en matières scientifiques, ne l'est en matières d'industrie que dans certains cas particuliers, et nullement dans celui dont nous nous occupons.

Ecartant donc entièrement cette question générale, *Quelle est la voie de communication la meilleure ou la plus économique?* je me suis posé celle-ci : *Dans quels cas la route ou le chemin de fer doivent-ils être préférés au canal, et réciproquement?* et j'ai cherché autant que possible à distinguer les cas particuliers pour les étudier séparément. Ainsi, laissant d'abord de côté les canaux maritimes et les rivières canalisées proprement dites, j'ai comparé le canal à petite section et le chemin à une voie, le canal à grande section et le chemin à deux voies (1), le canal et le chemin de fer en pays peu accidenté

---

(1) Les chemins de fer à une voie avec des portions à double voie sur une partie de la longueur pour la rencontre des convois, et les canaux

le canal et le chemin de fer en pays accidenté ; puis je suis descendu autant que possible de ces cas particuliers à des cas plus particuliers encore, jusqu'aux limites que j'ai dû m'imposer pour ne pas tomber dans une discussion trop minutieuse.

Si j'ai cherché à parvenir à une évaluation exacte des frais de construction par kilomètre et des frais d'entretien et de transport par tonneau et par kilomètre, ce n'est pas de cette donnée seule que je suis parti pour parvenir à une idée approximative des dépenses plus ou moins élevées d'établissement et de conservation d'une voie de communication.

La voie navigable dans un pays accidenté étant nécessairement plus longue que la route ordinaire, et celle-ci plus longue que le chemin de fer, je ne devais pas négliger cet élément. J'ai distingué le chemin de fer établi auprès des mines ou usines, pour les desservir, du chemin de fer destiné à ouvrir une importante communication, comme on distingue le sentier de la route royale. Enfin j'ai tenu compte de la différence des lieux comme de la différence des temps.

à petite section, conviennent à un commerce peu développé, et pour des distances moyennes ; les chemins à deux voies et les canaux à grande section doivent les remplacer dès que le commerce a pris de grands accroissements. C'est pourquoi il y a une cinquantaine d'années on ne construisit, dans le centre de l'Angleterre, que des canaux à petite section, et que l'on n'établit aujourd'hui dans les parties les moins commerciales que des chemins à une voie ; tandis que les nouveaux canaux, placés sur des lignes où le trafic est devenu très actif, sont à grande section, et quelques chemins de fer à deux voies. C'est ainsi qu'en France les ingénieurs les plus distingués, MM. Brisson, Dutens, etc., conseillent un double système de canaux, l'un à grande section pour les voies de communication les plus importantes, et l'autre à petite section pour les voies de communication de seconde classe. On ne peut transformer aisément un canal à petite section en un canal à grande section, comme un chemin de fer à une voie en un chemin à deux voies ; et par conséquent on ne devrait établir que des canaux à grande section sur toutes les lignes susceptibles d'acquérir une certaine importance, tandis qu'on peut fort bien n'y construire d'abord que des chemins de fer à une voie. C'est un titre que possèdent les chemins de fer à la supériorité sur les canaux, qu'il faut citer à part, puisqu'il n'a pu être évalué numériquement.

8

Telle est, Messieurs, en peu de mots la méthode que j'ai suivie. J'ai dû, pour l'appliquer convenablement, rassembler beaucoup de données numériques, beaucoup de documents incontestables. Je regrette de ne pouvoir vous présenter ici les chiffres qui, seuls, en pareils cas, doivent servir de base à notre conviction (1); mais je craindrais d'abuser de votre patience, et je dois me borner à résumer mes conclusions.

---

(1) Voici une partie de ces chiffres. — *Frais de construction.* J'ai compté pour la route en fer à une voie construite en plaine, dans des circonstances très favorables, 200,000 fr. par lieue de poste (4,000 mètres); pour la route à deux voies, 260,000 fr.; pour la route à une voie, dans des circonstances moyennement favorables, 280,000 fr.; pour celle à deux voies, 360,000 fr. Si les circonstances sont très défavorables, si, par exemple, le pays est très accidenté et le terrain fort cher, le chemin de fer pourra coûter 800,000 fr. par lieue et au-delà. Je porte le prix du canal à petite section, lorsque les circonstances sont très favorables, à 200,000 fr. par lieue, à 320,000 fr. si les circonstances sont moyennement favorables; et le prix du canal à grande section dans l'un ou l'autre cas à 280,000 fr. ou à 400,000 fr. par lieue.

Frais d'entretien.—Les frais d'entretien des chemins de fer, et surtout ceux des canaux, dans l'origine, sont considérables, parce qu'il faut subir les tassements sur le chemin de fer, et obvier aux infiltrations sur le canal. Rejetant ces dépenses dans les frais de construction proprement dits, je n'entends parler ici que des frais d'entretien réguliers d'un chemin de fer ou d'un canal, un certain nombre d'années après la mise en perception. — Les frais d'entretien annuels de la voie navigable, si on défalque le produit de la pêche et des plantations, paraissent assez faibles pour un canal avec un petit nombre d'écluses; ils augmentent avec le nombre des écluses. Sur le canal de Languedoc, où l'on rencontre cent écluses en parcourant une longueur de 241 kilomètres, les frais d'entretien, administration et perception, sont de 2,700 fr. par kilomètre, les frais d'entretien seuls d'environ 2,100 fr. Sur le canal de Briare, dont la pente est rachetée par quarante écluses distribuées sur une longueur de 56 kilomètres, les frais d'entretien sont d'environ 1,800 fr. par kilomètre; sur le canal du Centre, dont le nombre d'écluses est, proportion gardée, un peu plus grand, il ne sont que de 1,400 fr.; mais ce canal est mal entretenu. Sur le canal de Bruxelles à Boom, qui ne compte que cinq écluses sur une longueur de 28 kilomètres, ils n'atteignent pas 1,000 fr. par kilomètre. Quelques chiffres sur les frais d'entretien du chemin de Darlington, et des raisonnements *à priori*,

Les routes ordinaires conviennent seules aux pays de hautes montagnes ; les canaux et les chemins de fer ne peuvent s'é-

---

nous font supposer qu'ils seront plus élevés, en plaine, pour les chemins de fer que pour les canaux avec peu d'écluses. Ils ont été sur le chemin de Liverpool, d'après les derniers rapports de la compagnie, de 10,000 fr. par kilomètre, en y comprenant les frais d'administration et perception; mais ce chiffre ne nous apprend rien sur les frais *réguliers* d'entretien de cette route, puisqu'elle n'est ouverte au public que depuis très peu de temps, et que d'ailleurs il comprend des dépenses d'embellissement, constructions, etc., qui devraient êtré rangées dans les frais de construction. Comme les frais d'entretien doivent assez sensiblement varier suivant le mouvement commercial, du moins pour les chemins de fer, il faudrait peut-être les évaluer par tonneau et par kilomètre, plutôt que par kilomètre seulement.

Transports. — Je comprends dans les frais de roulage ou véhicule proprement dit, sur les canaux et les chemins de fer, les frais de traction, conduite, intérêts du capital, moins-value et entretien des bateaux ou machines et chariots. Je n'y fais entrer ni les droits de parcours, ni les frais de chargement ou de déchargement. Les frais de voiture sur les canaux varient entre des limites assez étendues, ils sont plus ou moins grands, suivant que le canal est plus ou moins large, plus ou moins rempli d'eau, que le nombre des écluses est plus ou moins considérable, que la concurrence entre les bateliers est plus ou moins active, que les retours sont plus ou moins assurés, que le taux des salaires est plus ou moins élevé. J'ai trouvé, d'après un très grand nombre de renseignements que j'ai puisés aux meilleures sources, que, sur un canal à grande section, où l'eau est abondante et où les écluses ne sont pas très multipliées, comme, par exemple, le canal de Mons à Condé, le roulage, avec retour à moitié charge, peut s'effectuer à raison de 1 centime 1/2 par tonneau et par 1000 mètres; si l'on avait des retours à charge complète, peut-être ne coûterait-il que de 1 centime à centime 1/4. Lorsque la concurrence est très grande sur le canal de Saint-Quentin, comme cela a lieu aujourd'hui (en mai 1832), ils ne montent pas à plus de 2 cent., quoique l'on ait deux souterrains et plusieurs écluses à passer, que la navigation soit encore imparfaite, et que les bateaux reviennent presque toujours à vide. Sur le canal de Givors, où les bateaux ne portent que 100 tonneaux au plus, tandis que sur le canal de Saint-Quentin ils en contiennent ordinairement de 140 à 150, le nombre des écluses sur une longueur de 17 kilomètres étant de 28, ils sont d'environ 1,6 centime avec retour à charge complète, et 2,4 centimes

tablir que dans des pays de plaines et des pays accidentés où les montagnes ne sont pas très élevées. Quelques calculs m'ont

---

avec retour à moitié charge. Sur le canal de Languedoc, où l'on se sert de chevaux, malgré un grand nombre d'écluses, on ne les évalue pas à plus de 1,7 à 2 centimes. Sur le canal du Centre, dont les bateaux chargent de 60 à 80 tonneaux seulement, suivant la tenue d'eau, je les trouve de 2,8 centimes. Ils peuvent s'élever à 3 centimes sur un canal étroit comme celui de Briare, et même beaucoup plus haut sur un canal quelconque, lorsqu'il n'y a pas de concurrence entre les bateliers. Je n'ai parlé que du transport des marchandises pesantes, comme le fer et le charbon de terre; il y a souvent une grande différence dans la dépense pour des marchandises précieuses ou encombrantes. Ainsi le transport de Bruxelles à Anvers par eau, en partie sur canal, en partie sur la Ruppel et l'Escaut, qui ne se paie, droits compris, que 80 c. pour la distance totale (48 kilomètres) par tonneau de marchandises pesantes, coûte 3 fr. 60 pour le café, le sucre, le thé, et 6 fr. pour les marchandises de grand volume, cotons, etc. Les frais de transport sur un chemin de fer au moyen de machines à vapeur dépendent surtout du nombre et de l'inclinaison des pentes à gravir, et du prix du combustible. Nous n'avons pas de données bien exactes sur les véritables frais de roulage avec les machines locomotives, qu'il ne faut pas calculer en admettant sans contrôle le témoignage des personnes intéressées à les diminuer, ou en se basant sur quelques résultats d'expérience de peu de durée. Cependant, en rapprochant ce que nous savons de plus positif sur la dépense des machines en Angleterre et sur le chemin de Saint-Etienne à Lyon, je pense que ce n'est pas les évaluer trop haut pour les parties en plaine que de les supposer de 1 3/4 à 2 cent. par tonneau et par kilomètre, avec retour à charge complète, et de 2 à 3 centimes avec retour à vide, lorsque le combustible de bonne qualité est à très bon marché, comme à Rive-de-Gier. Lorsque le charbon est cher, comme aux environs de Paris, je crois qu'ils s'élèveraient au moins à 3 ou 3 1/2 centimes, avec retour à charge complète, et 3 1/2 à 4 centimes avec retour à vide. Les frais de transport par tonneau et par kilomètre sur les plans inclinés à la remonte, avec des machines fixes à vapeur, dépendent essentiellement de l'inclinaison du plan, de sa longueur et du nombre de tonneaux qui circulent annuellement. Il m'est donc impossible d'en donner une évaluation absolue; mais je trouve que, sur une pente de 3 centimètres, que l'on dépasse assez rarement sur les chemins de fer, cette dépense peut monter aisément à 8 ou 10 centimes par tonneau et par kilomètre, lorsque le prix du charbon n'est pas très élevé, et au-delà dans des circonstances moins favorables.

conduit à ce résultat qu'avec le péage accordé aux nouveaux chemins de fer pour le parcours seulement (8 centimes environ par tonneau et par kilomètre) (1), un mouvement commercial annuel de 70,000 tonneaux suffit, à la rigueur, pour autoriser l'établissement d'un chemin à une voie par une compagnie, dans des circonstances moyennement favorables, et 90,000 tonneaux pour permettre la construction d'un chemin à deux voies. M. Dutens, dans son bel ouvrage sur la navigation intérieure de la France, démontre que le péage moyen de 3,92 centimes accordé habituellement aux canaux est trop faible pour procurer des bénéfices aux concessionnaires. Ce savant ingénieur, admettant un transport moyen d'environ 90,000 tonneaux sur les canaux à grande section, et 60,000 à 65,000 tonneaux sur les canaux à petite section, croit nécessaire de le porter à 6,86 centimes, pour procurer un intérêt modique de 5 pour 100.

Lorsqu'un canal peut s'établir sur un sol plat ou légèrement ondulé, de nature imperméable, avec un petit nombre d'écluses, et emprunter facilement l'eau qui lui est nécessaire à une rivière voisine, les frais de construction n'en sont pas plus élevés que ceux d'un chemin de fer ; l'entretien de la voie est moins coûteux, et les frais de halage sont ordinairement moins élevés, si ce n'est dans le cas particulier où la plus grande partie des transports aurait lieu à la descente sur une pente douce.

En pays accidenté les chemins de fer, tracés autant que possible en ligne droite, afin d'éviter les circuits, dans lesquels le frottement augmente considérablement, s'établissent sur remblais, en souterrains, en tranchées, ou sur la pente des collines, sans dévier de la direction rectiligne (2). Les souterrains et les remblais deviennent pour la voie navigable plus

---

(1) Le péage moyen est de 12 à 14 centimes, mais il comprend alors les frais de roulage, que je suppose de 4 à 6 centimes.

(2) La Société d'encouragement vient d'accorder une médaille d'or à M. Laignel, inventeur d'un procédé particulier pour diminuer le frottement dans les circuits des chemins de fer. En appliquant ce procédé

coûteux que pour les chemins de fer, à cause de leurs plus grandes dimensions, et présentent d'ailleurs des chances de filtrations si difficiles à bien apprécier d'avance que les meilleurs ingénieurs conseillent de les éviter toutes les fois que cela peut se faire. Ce n'est donc le plus souvent qu'au moyen de détours multipliés en se soutenant sur la pente des coteaux, ou par de nombreuses écluses, que les canaux traversent les pays accidentés.

Dans le premier cas, si les transports par eau présentent du bénéfice sur une petite longueur, on trouvera de l'avantage à employer les chemins de fer pour une grande distance. Car une route navigable entre deux points éloignés ayant presque toujours un tiers et quelquefois une moitié de plus en longueur que la route par terre, le rapport sera encore plus favorable aux chemins de fer, tracés dans une direction beaucoup moins variable que celle des routes ordinaires. Il faudrait alors que les frais de construction par kilomètre, et d'entretien ou de roulage par tonneau et par kilomètre, fussent sur le chemin de fer deux fois ou au moins une fois et demie aussi grands que sur le canal pour qu'il y eût économie égale avec l'une ou l'autre voie de communication. Des données numériques prouvent que ce cas ne se présentera que fort rarement.

Lorsque, afin de gravir une colline, on emploie les écluses pour un canal et les plans inclinés pour un chemin de fer, la distance parcourue reste la même. Les frais de transport semblent de prime abord plus faibles par le canal ; mais il ne faut pas oublier 1° que la quantité d'eau nécessaire pour élever une certaine charge à une certaine hauteur est généralement égale à six fois le poids de cette charge tombant de la même

---

à une courbe du rayon de 28 mètres seulement, à la vitesse de 6 ou 8 kilomètres par heure, on a réduit le frottement à moitié de ce qu'il est ordinairement sur une courbe du rayon de 100 mètres. Si, comme on a lieu de l'espérer, les avantages pratiques de cette découverte se confirment. M. Laignel aura levé une des grandes difficultés du tracé des chemins de fer.

hauteur, et, pour la faire descendre, égale à quatre fois le poids; 2° qu'une très grande partie de l'eau qui alimente le canal se perdant par les filtrations (1), l'évaporation et les portes d'écluses, on serait encore très loin de suffire à la dépense du canal en ne lui fournissant au point de partage qu'un volume d'eau égal à six fois le poids des charges qui montent et quatre fois celui des charges qui descendent; 3° que les infiltrations sont d'autant plus redoutables que le point de partage est placé à une plus grande élévation au-dessus du niveau de la mer; 4° que sur un canal l'effet de la pesanteur des corps à la descente, loin d'être utilisé, est annihilé.

Cette masse d'eau énorme qu'exige le canal est souvent impossible ou extrêmement coûteuse à se procurer. Quelquefois on ne peut l'amener dans le lit du canal qu'en privant de nombreuses usines de force motrice ou des prairies étendues de moyens d'irrigation. Il arrive même, sur certains canaux, que l'on est obligé d'élever de l'eau d'une écluse à une autre, au moyen de machines à vapeur (2). Une faible partie de cette eau précieuse suffirait pour développer économiquement sur le chemin de fer la force mécanique nécessaire, au moyen de roues à augets ou mieux encore de machines à colonne d'eau (3). S'il y a excès, les rigoles distribueront le superflu à

---

(1) Il faut, dit M. Huerne de Pommeuse, qu'il entre dans le lit d'un canal une quantité d'eau égale au moins à vingt fois son prisme de remplissage (ou capacité totale de la ligne navigable) pour suffire aux dépenses d'eau qu'il doit subir tant pour le remplissage des écluses que pour remplacer ce qu'enlèvent l'évaporation et la filtration.

(2) C'est ce qui a lieu sur le canal de Birmingham.

(3) Peut-être aussi se servirait-on avec avantage de chariots que l'on remplirait d'eau au sommet des plans inclinés, que l'on attacherait à la suite des convois en retour à vide, et qui réagiraient par l'intermédiaire de cordes et de treuils sur les convois ascendants; on laisserait écouler l'eau dans la vallée au pied du plan incliné, et on ramènerait les chariots vides à la suite des convois ascendants.

Cette application de l'eau comme force motrice sur les chemins de fer n'a pas encore eu lieu. Mais je citerai la ligne du canal de Languedoc comme une de celles où l'on eût trouvé de l'avantage à établir un

l'agriculture et aux établissements industriels. Si l'eau se trouve en grande abondance, on est presque toujours certain de pouvoir tirer un parti avantageux du surplus de force motrice qu'absorberait le canal en faveur de fabriques heureusement placées entre deux centres commerciaux, sur une ligne fréquentée. Dans certaines localités, des machines fixes à vapeur, placées au sommet des pentes, remorqueraient les convois à moins de frais. Les machines locomotives peuvent même remonter les pentes qui ne dépassent pas un centimètre par mètre.

En résumé, messieurs, je généraliserai en disant que, *eu égard à l'économie des transports seulement, le canal, établi latéralement à une rivière, dans un pays peu accidenté et en bon terrain, paraît devoir obtenir la préférence, dans la plupart des circonstances, sur le chemin de fer ; mais que le chemin de fer devient d'autant plus avantageux que les accidents dans la forme ou la nature du terrain se multiplient davantage. Dans plusieurs cas le chemin de fer est seul praticable.*

Or les chances d'accidents de toute espèce, dans la forme ou la nature du terrain, augmentant avec la longueur du trajet, *il est d'autant plus probable que le chemin de fer offrira de l'avantage sur le canal que la distance à parcourir sera plus considérable.*

Enfin, d'un autre côté, comme l'intérêt du capital de la construction constitue, sur les portions des canaux en pays accidenté, la plus grande partie de la dépense du transport, tandis que sur un chemin de fer ce sont au contraire les frais de roulage ou halage proprement dits qui prédominent, l'éco-

---

chemin de fer au lieu d'un canal en utilisant la force mécanique de l'eau.

Si l'eau ne se trouvait pas en quantité suffisante au sommet des pentes, on pourrait en élever une certaine quantité des parties inférieures assez économiquement au moyen de moulins à vent. Il se pourrait même qu'il y eût plus d'économie dans certains cas à élever de l'eau motrice au moyen d'une machine à vapeur, de force moyenne, travaillant continuellement pendant la nuit pour les besoins de la journée, plutôt que d'employer à remorquer les convois directement des machines qui alors doivent développer une grande force à différents moments de la journée.

nomie des transports en pays accidenté sera d'autant moins grande en faveur du chemin de fer que le mouvement commercial sera plus considérable, et il y aura une limite passé laquelle le canal, en le supposant suffisamment approvisionné d'eau, présentera de l'avantage sur le chemin de fer.

Mais ces conclusions, messieurs, et je vous prie de porter plus particulièrement votre attention sur cette circonstance, ne s'appliquent qu'à une ligne sur laquelle les transports s'effectuent à de grandes distances, sans transbordements. Dès que les transbordements deviennent nécessaires, les frais de transport sont grevés de dépenses considérables occasionées par le déchargement, le chargement, la commission, et les déchets aux points où ils s'opèrent. C'est un nouvel élément fort important à faire entrer en ligne de compte.

Il ne faut donc pas seulement considérer le chemin de fer ou le canal isolément, mais aussi dans ses rapports avec les autres voies de communication auxquelles il doit faire suite. Le canal servant de lien à des cours d'eau naturels d'une navigation facile ou peu coûteuse à améliorer, ou de canaux déjà établis, obtient la préférence dans certains cas, lors même que, comparé isolément au chemin de fer, il offrirait moins d'avantages. D'un autre côté, il peut aussi convenir de construire un chemin de fer plutôt qu'un canal, par cette seule raison que ce chemin de fer fera suite à un chemin pareil déjà construit, où en joindra des parties séparées.

L'établissement de nouveaux canaux est donc singulièrement favorisé, tandis que celui des chemins de fer est contrarié par l'étendue des voies déjà navigables.

Ces considérations font sentir la haute importance d'embrasser dans une seule pensée un vaste système de chemins de fer, de même que MM. Brisson et Dutens ont conçu dans son ensemble un vaste système de navigation intérieure, et d'éviter autant que possible d'en morceler l'exécution ; elles prouvent du moins la nécessité d'établir d'abord les lignes principales avant de songer aux lignes secondaires, incapables de se soutenir isolément.

Après avoir traité la question d'économie, il nous reste à examiner celle de vitesse et de régularité.

Si la supériorité pouvait être contestable entre les chemins de fer et les canaux, sous le rapport de la vitesse et la régularité, l'avantage resterait encore aux voies navigables dans bien des circonstances. Mais il n'en est pas ainsi.

La résistance opposée par le liquide au mouvement des bateaux sur une voie navigable, à de très petites vitesses, est tellement faible, qu'une même force motrice, un cheval par exemple, traîneau pas, en exerçant le même effort, une charge trente, quarante et même cinquante fois aussi considérable sur un canal que sur une route ordinaire (1). La résistance produite sur un chemin de fer par le frottement est beaucoup plus forte, puisqu'elle s'élève à la dixième ou à la huitième partie de celle qui a lieu sur une route ordinaire. Mais sur le canal cette résistance croît proportionnellement au carré ou même au cube de la vitesse, selon que la section du canal est plus ou moins grande relativement à celle du plan de *flottaison* du bateau ; tandis qu'elle reste sensiblement la même à toutes les vitesses sur le chemin de fer et la route ordinaire. La résistance de l'air peut être négligée. — Il s'ensuit que la vitesse sur un canal est impossible sans une énorme augmentation de dépenses, d'abord à cause de l'augmentation de résistance à laquelle elle correspond, et ensuite parce que le travail utile de l'homme ou du cheval qui hale le bateau diminue rapidement. Elle est également fort coûteuse par cette seconde raison sur les routes ordinaires (2). Mais sur les chemins de fer

------

(1) Sur le canal de Saint-Quentin un seul cheval traîne des bateaux chargés de 140 tonneaux, ainsi 140 fois la charge qu'il traîne sur une route ordinaire ; mais il ne parcourt pas au-delà de deux lieues et demi à trois lieues de poste par jour, tandis que sur une route ordinaire il en parcourt de 7 à 8, et quelquefois 10.

(2) D'après M. Walker, l'effet utile journalier d'un cheval aux environs de Londres est, à la vitesse de

4,000 mèt. par heure, de 32 tonneaux transportés à 1 mille (1608 m.)
9,600 mèt.,   14
16,000 mèt.,   5

En outre, lorsqu'on fait courir le cheval avec une très grande vitesse il ne dure pas la moitié du temps pendant lequel il pourrait servir en

on obtient, au moyen de machines à vapeur, des vitesses de huit ou dix lieues par heure, à un prix modéré, avec une régularité que ne comporte pas un canal, obligé de chômer pendant plusieurs mois de l'année.

Il est difficile d'énumérer tous les avantages de cette vitesse, jointe à une certaine économie pour le commerce de cette classe de marchandises qui prennent aujourd'hui le roulage accéléré ou les diligences.

Le spéculateur, pressé par le départ d'un navire pour l'Amérique, n'attend plus avec impatience les soieries de Lyon ou les toiles peintes de Mulhouse, qui n'arriveront que le lendemain sur l'impériale d'une diligence embourbée ; le négociant de Dieppe ou du Havre envoie ses huîtres et sa marée figurer sur la table des gourmets de Lyon ou de Strasbourg presque aussi fraîches que nous les avons aujourd'hui à Paris, et le marchand bourguignon n'est plus soumis à l'ennui mortel d'un trajet de plusieurs mois par eau pour surveiller des bateliers trop bons appréciateurs de la qualité de ses vins. La reproduction des capitaux augmente dans le même rapport que leur vitesse de circulation.

Mais ce qui devient l'objet principal des revenus du chemin de fer ce sont les voyageurs. Quiconque a fait quelques milliers de lieues en France, surtout sous l'empire du monopole, dans nos lourdes diligences traînées péniblement par quatre ou cinq haridelles, et a pu les comparer avec les élégantes et confortables voitures de l'Angleterre remorquées par les machines locomotives, peut seul juger de tout le mérite d'un chemin de fer pour les hommes qui par goût ou par nécessité sont appelés souvent hors de leurs habitations. S'il est vrai de dire que la consommation augmente avec le bon marché et la bonne qualité des produits, jamais ce principe n'a trouvé une plus juste application. Les bateaux à vapeur navigant sur la Saône, sur le lac de Genève et sur la Clyde, le chemin de fer de Liverpool à Manchester, les simples diligences établies de Bayonne à Madrid, prouvent que sur une ligne un

---

ne marchant que lentement. Sur d'autres canaux, des chevaux, ne traînant que de 50 à 60 tonneaux, parcourent de sept à huit lieues par jour.

peu fréquentée, la circulation décuple presque toujours en quelques années, lorsqu'on augmente la vitesse et la régularité des transports en en diminuant le prix.

Concluons donc que *les chemins de fer, même en supposant qu'ils ne serviront pas au transport des marchandises lourdes, tireront du transport des voyageurs et des marchandises précieuses seulement, sur les principales lignes, des revenus suffisants pour offrir de beaux bénéfices aux compagnies concessionnaires.*

Mais une grande partie des frais généraux, tels que frais d'administration, perception, entretien, qui ne varient pas proportionnellement à la circulation, pouvant être supportés par les voyageurs et les marchandises précieuses, ou les objets manufacturés, ce qui n'arrive pas avec les canaux (1), les chemins de fer pourront souvent, en abaissant leur tarif, lutter avec les canaux même pour le transport des marchandises lourdes ; et comme le nombre des voyageurs croît avec la civilisation, tandis que le commerce des objets manufacturés prend une grande extension, on peut assurer que *les chemins de fer se multiplieront d'autant plus dans un pays qu'il sera plus civilisé.*

Les chemins de fer seront aux canaux ce qu'ont été les canaux aux routes ordinaires.

Après avoir étudié les canaux comme moyen de transport, je dois signaler les éminents services que dans quelques circonstances particulières ils rendent à d'autres titres.

Souvent une bonne partie des frais de construction des canaux sont couverts par la plus-value des marécages qu'ils dessèchent, et où l'on ne pourrait établir des chemins de fer qu'avec un grand surcroît de dépense. La Hollande et nos riches départements de Flandre sans les canaux ne seraient que d'infects marais. Les canaux perçoivent, dans certaines localités, principalement dans les pays méridionaux, des droits assez considérables d'irrigation ou de prise d'eau pour les usines. Ainsi, d'après M. Huerne de Pommeuse, en 1794, la partie construite du canal d'Arragon produisait 55,000 fr. de droits

---

(1) On transporte bien quelquefois des voyageurs sur les canaux. Ainsi il y a une barque de poste sur le canal de Languedoc. Mais ce cas se présente fort rarement à cause de la lenteur des communications par les canaux.

de navigation , et 525,000 fr. de droits d'irrigation , et fertilisait environ 100,000 de nos hectares de terrain.

Le canal construit par Adam de Craponne, sous François Ier, remarquable par son habile direction, passe sur plusieurs aquéducs, fait tourner les roues de quantité d'usines, et a fertilisé une plaine de vingt-quatre lieues carrées que sa stérilité avait fait appeler *Campus lapideus*. L'Italie est sillonnée de canaux d'irrigation auxquels elle doit sa fertilité, mais dont malheureusement une petite partie seulement sont navigables.

On amène encore, au moyen des canaux à pente, de l'eau potable pour les besoins et l'embellissement des villes. Le canal de l'Ourcq, qui doit en fournir 4,000 pouces à la ville de Paris, vend le mètre cube à raison de 50 fr. par an.

Mais n'oublions pas aussi que, dans quelques cas, on a beaucoup de peine à empêcher les canaux construits dans des terrains perméables d'inonder des propriétés voisines. Les filtrations du bassin de la Villette ont causé de grands ravages dans de riches cultures et de beaux établissements. Le canal du Centre, bien que construit par M. Gauthey, l'un des plus habiles ingénieurs du siècle dernier, perdait dans l'origine toute son eau en vingt-quatre heures. Enfin, d'autres fois, les canaux, au lieu d'amener de l'eau à des prairies ou à des usines, les privent du strict nécessaire.

Il nous reste, Messieurs, à jeter un coup-d'œil sur les grand, avantages que la société retire de l'établissement des routes des canaux et des chemins de fer.

Toute nouvelle voie de communication procure au pays certains avantages dont je ne signalerai que les principaux.

Elle ouvre un débouché aux produits des provinces qu'elle traverse, et crée ainsi une nouvelle source de richesses sociales; elle augmente pour l'Etat le revenu de l'impôt foncier et des impôts sur la prduction et la consommation; elle influe sur la civilisation du pays en facilitant les relations entre les hommes; et, telle est la somme de bien qu'elle répand ordinairement, qu'on doit s'étonner que le gouvernement balance si souvent à faire des sacrifices momentanés si productifs pour l'avenir. Mais ce bien est plus ou moins grand avec les diverses espèces de voies de communication. Ainsi, en admettant que le transport des marchandises lourdes, engrais, graines, fourrages, charbons, etc., se fasse à meilleur marché ou plus commodément par la voie navigable que par les chemins de fer, les canaux, bien qu'ils occupent un peu plus de terrain que les chemins de fer, sont plus favorables au développement de l'agriculture et de certaines branches d'industrie ou de commerce. D'autres branches, au contraire, moins importantes, à la vérité, recevront une plus grande impulsion de l'établissement des chemins de fer, puisque ceux-ci conviennent mieux que les canaux pour le transport des marchandises précieuses.

Mais ce qui assure la prééminence aux chemins de fer sur les canaux, bien plus encore comme instruments de civilisation que comme objets de spéculation, c'est la vitesse. Permettez-moi, Messieurs, d'attirer encore un moment votre attention sur les résultats que doit produire cette vitesse extraordinaire, propriété vitale des chemins de fer, et jusqu'à présent trop peu appréciée par les hommes d'état.

Le temps est l'étoffe dont la vie est faite, a dit Franklin. Les chemins de fer allongent la vie en économisant le temps. Combien d'hommes ont souvent regretté les heures qu'ils sont obligés de donner au sommeil, et désiré de pouvoir doubler la longueur des journées. Les chemins de fer résolvent le problème pour cette classe nombreuse qui passe sur les routes la moitié de sa vie. Du moment où ils sont construits sur nos principales lignes, Rouen n'est plus qu'à 5 heures (1) de marche de Paris, le Havre à 7 ou 8 heures, Lyon et Strasbourg à 18 heures, Bordeaux à 22 heures, Marseille à 30 ou 32 heures ; ce n'est plus un voyage fatigant que de traverser la France d'une extrémité à l'autre. Un jour d'été on part le matin de Rouen, on déjeune à Paris, on soupe à Lyon, et le lendemain soir on peut arriver à Marseille. La réponse de Marseille à une lettre écrite le dimanche arrive le mardi à Paris. On n'est plus obligé de

---

(1) En plaine je compte, pour les voyageurs, sur une vitesse de 8 lieues et demie de poste par heure, qui est celle des diligences sur la route de Liverpool à Manchester; mais sur les plans inclinés d'une pente un peu forte ou dans les courbes, il conviendra de la réduire à 6 lieues. J'admets en conséquence une moyenne de 7 lieues pour les voyageurs. Une vitesse de 3 ou 4 lieues, moins coûteuse à obtenir, suffirait pour les marchandises.

multiplier dans une province les églises, les écoles, les bibliothèques, les établissements publics de tout genre. Une ville, un gros bourg, deviennent le centre où se réunissent chaque jour, de huit lieues à la ronde, des habitants de la province, pour lesquels on stipule un tarif particulier.

Montesquieu pense que l'esprit de commerce entraîne avec soi celui de frugalité, d'économie, de modération, de travail, de sagesse, de tranquillité, d'ordre et de règle. Les voies de communication, en général, et surtout les chemins de fer, comme moyens les plus efficaces de développer cet esprit de commerce, produisent indirectement le même effet.

Les hommes de même que les métaux se polissent par le frottement. Les hommes se haïssent souvent faute de se connaître. De plus fréquentes relations établiront entre eux de plus puissants liens. Le Méridional et l'homme du Nord commenceront à se comprendre, et c'est alors qu'il sera vrai de dire qu'il n'y a plus de Pyrénées.

Les canaux sont, comme les grandes rivières, d'excellentes lignes de défense. Leurs talus sont convertis en remparts sur lesquels on dresse des batteries. Le maréchal Soult, à la tête de 30,000 hommes seulement, tint en échec une armée de 60,000 hommes, protégé qu'il était par le canal du Languedoc. Le canal de Saint-Denis, quoique encore sans eau, fut pris pour ligne de défense lors de la bataille de Paris. En Flandre, ces mêmes canaux qui fertilisent et assainissent le pays, tout en facilitant l'approvisionnement des places de guerre, servent à en inonder les alentours. Les canaux de Moëres, Bergues et Furnes, avant qu'une paix désastreuse nous eût forcés de détruire les beaux ouvrages qui protégeaient la ville de Dunkerque, donnaient, comme le canal royal militaire en Angleterre et celui de Croydon en Ecosse, abri à des bâtiments de 200 à 300 tonneaux. Ces mêmes canaux produisaient des chasses énergiques qui nettoyaient le port et l'ont approfondi de quinze pieds en neuf ans.

C'est encore la célérité des transports sur les chemins de fer qui en font un admirable moyen de défense. Bonaparte a dit que l'art de la guerre consistait à réunir le plus de forces possible sur un point donné dans le moins de temps possible. Il a mieux fait, il l'a prouvé par d'éclatantes victoires. Quelles ressources n'eût pas tiré ce grand capitaine de machines qui permettent de rassembler et de développer des armés avec une prodigieuse rapidité, d'accabler et de cerner en un instant l'ennemi assez audacieux pour pénétrer dans un pays qui possède de pareils moyens de défense. Mais la question des chemins de fer, considérés sous le point de vue militaire, a été traitée par deux de nos camarades, MM. Lamé et Clapeyron, dans un mémoire fort remarquable, de la lecture duquel j'espère qu'ils voudront bien nous faire jouir. Je me garderai de leur emprunter des idées que je ne pourrais que défigurer.

Ainsi, Messieurs, en résumé et pour terminer, je pense que les canaux doivent être achevés sur toutes ces lignes de commerce peu fréquentées par les voyageurs, mais qui traversent des contrées riches en produits agricoles. Je reconnais encore toute l'utilité des canaux dans ces plaines qu'ils dessèchent, fertilisent et protégent contre des agressions ennemies. Mais je voudrais des canaux et des chemins de fer, ou au moins des chemins de fer sur ces grandes lignes principales qui lient entre elles d'importantes places de commerce.

Quant au mode d'exécution, je formulerai mon opinion sur ce sujet en peu de mots.

Exécution par les compagnies sur toutes les lignes qu'elles proposent d'entreprendre à des conditions raisonnables, comme celles de Paris à Rouen, ou de Paris à Orléans.

Exécution par les compagnies, avec encouragement du gouvernement, sur d'autres lignes moins favorisées, comme celle de Paris à Lyon.

Exécution par le gouvernement seul sur les lignes qui, malgré leur importance, n'offrent pas des chances de revenus immédiats ou prochains assez grandes pour séduire des compagnies de spéculateurs.

Ces plans ne sont pas chimériques. Ils ont reçu la sanction du gouvernement qui est considéré comme le plus favorable à l'industrie.

Sans doute, en Angleterre, où le commerce extérieur fournit un aliment presque inépuisable au trafic intérieur, où l'impulsion est donnée par une aristocratie prodigieusement riche et toute puissante, où d'immenses capitaux cherchent un placement, où l'esprit d'association s'est développé au plus haut

degré, où la configuration du sol facilite singulièrement l'établissement de toute espèce de voie de communication, où
enfin l'industrie est régie par une législation fort libérale sous
certains rapports, le gouvernement a dû se borner à jouer
dans presque tous les cas un rôle purement passif; mais la route
d'Irlande, le canal Caledonien et le canal Royal-Militaire,
exécutés entièrement à ses frais, ainsi que le canal de Croydon,
construit en partie de ses deniers, prouvent suffisamment que
cette règle n'est pas pour lui sans exception.

La France n'est en aucune manière dans la même position
politique ou industrielle que la Grande-Bretagne. Ici, plus de
commerce extérieur s'étendant à l'infini, plus de cette aristocratie orgueilleuse qui pour un peu de bien fait beaucoup de
mal, plus de capitaux surabondants, plus de fleuve portant
jusqu'au sein de la capitale les plus gros bâtiments, plus de
ports magnifiques à une petite distance des villes de l'intérieur;
chez nous la législation même (1) conspire contre l'industrie, et
l'esprit d'individualisme fait chaque jour des progrès effrayants.
Nous ne disposons donc pas des mêmes moyens que l'Angleterre pour faire exécuter presque toutes les lignes par des
compagnies : divers essais l'ont démontré. L'intervention du
gouvernement devient ainsi plus souvent nécessaire.

Que notre chambre des députés, qui tient directement de
la nation un pouvoir tout aussi étendu et plus rationnel que
celui de la noblesse anglaise, ne craigne pas de voter des millions pour l'amélioration des voies de communication. On se

---

(1) Rien n'est plus vicieux surtout que notre législation en matière
d'expropriation, conçue dans un esprit de respect exagéré pour la propriété. Elle présente le plus grave obstacle à toutes les entreprises de
routes, de canaux, de chemins de fer, grevées de frais énormes au profit
de quelques mauvais citoyens auxquels elle laisse le pouvoir d'arrê-
ter une construction importante pendant plusieurs années si l'on ne
veut céder à leurs exigences ridicules. Les exemples ne manquent pas
pour prouver combien il est urgent de la réformer; les meilleurs esprits,
les hommes les plus compétents réclament cette amélioration depuis
long-temps. Espérons qu'enfin la chambre des pairs sentira l'importance
de voter le plus tôt possible la loi qui lui a été présentée dans ce but
par M. le Ministre du commerce et des travaux publics.

plaint bien moins du chiffre de l'impôt que de la manière dont il est perçu et dépensé. Du jour où les revenus de l'Etat seront appliqués à des entreprises utiles, le contribuable ne verra plus dans l'administration qu'un banquier bienveillant qui lui paie de gros intérêts de l'argent qu'il lui confie. Les capitaux employés à l'achèvement des canaux et à la construction des chemins de fer seront bientôt remboursés au double de leur valeur.

« Le canal du Languedoc, dit M. Huerne de Pommeuse a donné en six années au commerce sur les moyens de transport une économie égale au prix de sa construction. Il a donné à l'Etat dans le même espace de temps un bénéfice égal sur les impôts en ayant accru le prix des produits agricoles et autres des deux tiers environ de leur prix originaire ; et comme le canal du Languedoc est, de tous ceux qui existent en France, celui dont les dépenses ont été le plus considérables, la comparaison est encore bien plus sensible pour les autres entre ce qu'ils ont coûté et les bénéfices proportionnels qu'ils ont procurés au commerce, aux exploitations agricoles et métallurgiques, et par conséquent à l'Etat. Il faut encore ajouter pour celui-ci la considération importante de l'entretien des grandes routes, que tant de transports eussent ruinées. » En Irlande, l'ouverture des canaux destinés à satisfaire aux besoins de l'agriculture a fait cesser une importation annuelle de dix millions et demi de francs, pour donner lieu à une exportation de quatre-vingt-cinq millions. Les Romains avaient construit pour se mettre à l'abri des incursions des montagnards Écossais une immense muraille ; les Anglais ont trouvé un moyen plus certain de subjuguer leurs farouches voisins, en augmentant leur bien-être et gagnant leur amitié par la construction des canaux de Forth-and-Clyde et Calédonien. Le canal Calédonien a porté la civilisation jusque dans les contrées les plus sauvages. « L'expérience, dit M. Stéphane Flachat, a justifié la sagesse de la détermination prise par le gouvernement anglais d'exécuter le canal Calédonien. Depuis qu'une nombreuse réunion d'hommes a été appelée par le travail dans ce pays autrefois presque sauvage, la population, l'agriculture, l'exploitation des forêts, le commerce même et l'industrie se sont developpés avec une grande rapidité, et les progrès de la civilisation sont aussi marqués dans ces contrées reculées que dans tout le reste de l'Ecosse. »

Les chemins de fer rendront encore des services plus signalés. Quelques lignes principales deviendront le tronc et les branches qui distribueront la sève à d'innombrables rameaux incapables de se développer isolément. Je veux admettre un instant que tous mes calculs soient erronés, et que le transport soit par les voies navigables de cent pour cent meilleur marché : je dis que le fait seul d'une vitesse prodigieuse de 8 à 10 lieues par heure, obtenue sans des dépenses exorbitantes, mérite l'attention la plus sérieuse de la part du gouvernement. Or ceci n'est pas le rêve brillant d'un homme qui fait le tour du monde en ballon. C'est une conception réalisée sur la route de Liverpool à Manchester aussi positivement que celle des télégraphes en France.

Proclamons le hardiment : un bon système de voies de communication est un des moyens les plus efficaces d'assurer à la France une longue paix et une prospérité dont on ne saurait entrevoir les limites. Que le gouvernement ait assez d'énergie et de persévérance pour en doter le pays, et le peuple heureux bénira ces hommes qui les premiers auront su comprendre que, nommés par lui, c'est aussi pour lui qu'ils doivent travailler.

MÉMOIRE

SUR LES CHEMINS DE FER

CONSIDÉRÉS SOUS LE POINT DE VUE DE LA DÉFENSE DU TERRITOIRE (EXTRAIT);

PAR MM. LAMÉ ET CLAPEYRON,

INGÉNIEURS AU CORPS ROYAL DES MINES.

LU A L'ASSOCIATION POLYTECHNIQUE, DANS SA SÉANCE DU 20 JUIN.

Les chemins de fer ont été considérés jusqu'ici uniquement sous le rapport commercial et pacifique ; cependant, dans la comparaison que l'on établit entre eux et les autres moyens de communication connus, on ne peut passer sous silence le parti qu'on en tirerait, en cas d'invasion, pour la défense de l'é-tat. Les derniers événements ont assez prouvé l'impuissance des places fortes pour assurer l'indépendance des nations, et tout prouve que ce grand problème, « Mettre le faible à l'abri de la violence du fort, » n'a pas de solution de nos jours. Pour éclaircir cette question et préjuger le rôle que l'art de fortifier est appelé à jouer par la suite, peut-être ne sera-t-il pas inu-tile de jeter un regard sur le passé, seul guide que nous ayons pour entrevoir l'avenir.

Sans nous perdre dans des discussions oiseuses sur l'état re-latif de l'attaque et de la défense chez les peuples de l'anti-quité et des temps héroïques, nous ferons observer seulement que le moyen-âge, qui, à tant d'égards, présenta un état re-marquable d'organisation des peuples de l'Europe, offrit en même temps une solution de la question qui nous occupe. Combien de fois ne vit-on pas un baron féodal renfermé dans son château flanqué de hautes tourelles braver les attaques d'un voisin puissant? A l'approche des bandes dévastatrices qui battaient la campagne, les paysans se retiraient avec leurs bestiaux derrière l'enceinte fortifiée de la ville voisine. C'est là que l'industrie, puissance inaperçue, mais pleine de destinées, essayait ses premiers pas à l'abri de la violence qui régnait au dehors. On a vu des armées conquérantes, conduites par des chefs habiles, se fondre devant les remparts d'Orléans, de Beauvais, de Malte, de Metz. Saint-Jean-d'Acre, Calais, Rhodes, succombèrent; mais leur soumission exigea un temps précieux, énerva le vainqueur et coûta plus d'efforts et de pertes qu'une victoire long-temps disputée en rase campagne. Et ces innombrables châteaux dont les débris couvrent l'Europe, et ces immenses contractions qui dépassent de beaucoup en grandeur les ouvrages élevés par notre moderne industrie, enfin, chaque page de l'histoire, attestent la supériorité que la défense avait conservée sur l'attaque pendant une longue période. Qui sait si ces tours et ces remparts vénérables par leur antiquité ne méritent pas encore nos respects par l'utilité dont ils furent en mettant un terme à ces invasions de barbares qui désolèrent si long-temps l'Europe ébranlée par la chute de l'empire romain.

Cependant la même époque qui vit s'écrouler la féodalité fut aussi témoin de l'ascendant que l'attaque prit successivement sur la défense, et la poudre à canon commença dans l'ordre matériel l'œuvre de destruction que Luther et Calvin opérèrent dans les idées et que le dix-neuvième siècle devait accomplir dans l'ordre politique. Elle fait d'abord justice des armes défensives de nos anciens paladins. Les citadelles féodales s'écroulent devant la puissance des nouvelles machines de guerre; les tours et les remparts, pour se dérober à leurs coups, sont forcés d'abaisser successivement leur relief, et de prendre la forme des bastions massifs de nos places modernes. Vauban porte le dernier coup au système défensif par l'invention du tir à ricochet. La durée moyenne des siéges est réduite par lui à dix jours de tranchée ouverte. En même temps le nombre des bouches à feu croît dans une proportion effrayante : porté par Henri IV à 400 pour l'armée de terre, il était de 7,192 à la mort de Louis XIV, de 8,683 sous Louis XV, de 10,007 sous Louis XVI, et de 27,936 lors de la campagne de 1813.

La force numérique des armées suit la même progression. Les places fortes ne sont plus qu'un point inaperçu au milieu des efforts des combattants qui envahissent une frontière. Sur cent batailles livrées de 1740 à 1783 il y eut 67 siéges ; ce rapport ne fut plus que de 26/100 pendant les guerres de la révolution, 23/100 sous le consulat, et se réduisit sous l'empire à 16/100. De nos jours le nombre des combattants est le premier élément du succès d'une campagne ; loin que celui qui se défend ait quelque avantage sur celui qui attaque, ce n'est qu'en prenant l'offensive qu'une armée manœuvrière et conduite par un chef habile peut trouver une compensation à son infériorité numérique. C'est ainsi que les grands capitaines de nos jours ont réduit l'art militaire à ces simples termes : *Etre le plus fort sur les points d'attaque.*

Pour atteindre ce but on a diminué autant que possible l'attirail pesant que les armées traînaient à leur suite ; mais la mobilité comme le courage, le talent militaire comme tous les moyens de succès, ne sont pas la propriété exclusive de celui qui se défend, ils ont autant de fois servi d'auxiliaires à la violence et à l'aggression.

Ce simple exposé nous paraît démontrer que la force toujours croissante des armées permanentes qu'entretiennent les états de l'Europe est une conséquence nécessaire de l'équilibre que les derniers événements militaires ont rétabli entre l'offensive et la défensive, par suite desquels la fortune s'est déclarée sans retour pour les gros bataillons ; que chercher dans l'art de fortifier le moyen de protéger le faible contre le fort, c'est demander aux institutions du passé la solution des questions politiques qui partagent les peuples de notre âge.

Mais faut-il pour cela renoncer à l'espoir de mettre des bornes à l'ambition des conquérants ? Non sans doute ; mais le remède au mal doit être puisé à une source plus féconde que la pâle imitation d'un temps qui n'est plus.

L'étude des dernières guerres dont l'Europe a été le théâtre fait voir que, toutes les fois qu'une armée a pu tenir la campagne contre des forces disproportionnées, ce n'est qu'en se multipliant pour ainsi dire par des marches rapides, et en se portant successivement sur des corps isolés que la difficulté de se procurer des subsistances contraint de faire agir séparément jusqu'à ce qu'on les réunisse pour frapper le coup décisif.

Or, il est un moyen de décupler et au-delà l'agilité de l'armée défensive : l'arme de guerre que nous proposons, instrument d'industrie pendant la paix, servirait au moment du danger à transporter d'un bout du royaume à l'autre avec une vitesse de six lieues à l'heure une armée entière avec tout son attirail de guerre. Les *chemins de fer ou les railways*, dans l'état de perfectionnement où les ont portés les Anglais, permettent complétement le but que nous venons d'indiquer.

Indépendamment des services qu'ils sont destinés à rendre à l'industrie pendant la paix, ils donneront en temps de guerre au peuple qui défend ses foyers un avantage décidé sur l'armée envahissante.

Pour faire concevoir de suite le parti que l'on pourrait en tirer pendant une guerre défensive, supposons les forces destinées à agir contre la France partagées en deux grands corps, dont l'un marcherait sur Paris et l'autre sur Lyon. Si ces deux villes sont jointes par un railway, de nombreux corps d'élite pourront en vingt-quatre heures se transporter de l'un à l'autre des deux points menacés et faire successivement pencher en notre faveur les chances de la victoire sur les deux corps ennemis. Les gardes nationales de ces deux grands centres de population, celles des provinces traversées par les railways, pourront en quelques heures se porter au point décisif et appuyer les opérations de l'armée de ligne de leur courage et de leur patriotisme.

L'utilité militaire des railways résulte, comme on le voit, de l'extrême rapidité qu'ils permettent de donner au mouvement des troupes et du matériel; d'où il suit que la totalité des forces dont dispose la France pourrait être transportée en fort peu de temps en un point quelconque de son territoire.

Cette vitesse, que nous évaluons à six lieues de 4 kilomètres par heure, pourrait être portée beaucoup plus haut; mais nous nous arrêtons à ce chiffre, comme donnant une rapidité bien suffisante pour les combinaisons militaires. Elle est d'ailleurs inférieure à celle qu'on a adoptée pour le transport des marchandises et des voyageurs sur le chemin de Liverpool à Manchester.

Comme en Angleterre, le transport se ferait à l'aide de machines locomotives, qui, pouvant dans l'occasion travailler jour et nuit, permettraient de faire mouvoir une armée avec une vitesse de cent vingt lieues par jour, en admettant quatre heures de temps perdues sur vingt-quatre. Ce simple énoncé justifie ce que nous avons annoncé plus haut, et en dit assez pour ceux qui conçoivent de quelle importance est la rapidité des mouvements dans les opérations militaires.

Mais l'avantage principal dont jouirait un système de rail-ways convenablement tracé sur la surface de la France serait de rendre réalisable la mobilisation de la garde nationale. Dans l'état actuel des choses, cette mesure ne peut être effectuée sur une grande échelle sans entraîner de grandes destructions d'hommes et de richesses. On sait que, pour des troupes neuves, non encore rompues au métier des armes, les fatigues, la longueur des marches, sont plus meurtrières que le canon ennemi. Les citoyens que les dangers de la patrie arracheraient à leurs travaux, après une marche de cent lieues, auraient laissé en arrière un tiers de leur monde ; le reste, harassé, découragé, aurait perdu dans les fatigues la moitié de sa force morale. Que l'on calcule d'ailleurs les souffrances qu'éprouve l'industrie agricole et manufacturière par suite de l'absence prolongée de la partie la plus active et la plus saine de la nation.

Tout change dans notre hypothèse. Quand l'instant du combat est arrivé, à un signal donné par l'autorité militaire, les gardes nationales sont transportées en un instant de toutes les parties de la France au lieu du danger ; elles y arrivent sans fatigue et sans avoir perdu un seul homme. C'est dans l'état d'exaltation morale qu'aura développé la gravité des circonstances et que n'aura affaibli aucune douleur physique que l'élite de la nation entrera dans la carrière des combats. Après une campagne de quinze jours elle reverra ses foyers. Ainsi s'évanouissent les principales difficultés qu'entraînent ces levées en masse, qui jusqu'ici n'ont pu être réalisées que sur une petite échelle, et qui, étendues à tout le territoire de la France, la mettraient en état de lutter contre le monde entier.

Mais il sera rarement nécessaire de recourir à ce vaste dé-
ploiement de forces ; les mêmes moyens de transport, au service de l'armée de ligne, lui permettront de soutenir la lutte
avec avantage contre des forces supérieures.

Pour développer cette idée il est nécessaire d'entrer dans
quelques détails. Voici le plan que nous suivrons : nous sup-
poserons des railways distribués sur la surface de la France,
conformément à l'ensemble des considérations commerciales
et militaires qui dominent la question, et nous verrons le
parti que pourra en tirer l'armée nationale pour déjouer les
plans d'invasion d'une puissante coalition.

Les lignes commerciales les plus fréquentées sont dirigées
de l'intérieur vers la capitale et les grandes villes du royaume;
elles servent également de but aux entreprises de l'ennemi, et
c'est d'elles que les armées nationales tirent leurs principales
ressources. Les besoins du commerce et ceux de la guerre
s'accordent donc pour faire diverger de ces points principaux
les lignes de railways qui doivent sillonner la France. La défense de nos frontières en exige d'autres parallèles à leur développement, et qui étendront les relations commerciales qui
existent déjà entre les riches départements du nord et de l'est.

L'ensemble de ces considérations nous a portés à proposer
deux séries de railways : les uns convergent de l'intérieur du
pays vers les villes principales, ce sont les railways du centre;
les autres sont parallèles aux frontières, ce sont les railways
de la circonférence.

Les railways du centre joindront Paris au Havre et à Rouen,
à Orléans, à Valenciennes, à Strasbourg ; Tours à Orléans, à
Nantes, à Bordeaux et à Toulouse ; Orléans à Lyon et à Marseille. Les railwails de la circonférence joindraient Calais à
Valenciennes ; Valenciennes à Verdun, sur le railway de Paris à Strasbourg ; Strasbourg à Lyon ; Marseille à Nîmes et
Perpignan ; Toulouse à Baïonne.

Supposons maintenant les armées destinées à envahir la France pénétrant sur son territoire, comme en 1814, par Bâle, par
Brisach, par Nanci, et menaçant la frontière de Flandre. L'armée française distribuée sur le railway de la circonférence, en regard des forces ennemies, pourra en un clin-d'œil se concentrer en
un point quelconque, et agir avec une supériorité décidée con-

tre les corps opposés. Ici c'est l'armée défensive qui prend sur son adversaire l'initiative des opérations; allure plus vive, plus hardie, mieux en harmonie avec le caractère de la valeur nationale. Elle acquiert ainsi tous les avantages que l'état actuel de l'art de la guerre donne à celui qui attaque; rien ne peut faire prévoir le point de la frontière sur lequel porteront ses efforts, et dès l'ouverture de la campagne les plans de l'ennemi se trouvent déconcertés par une serie d'événements inattendus, dont il est impossible de prévoir les combinaisons, un jour il a toute une armée à combattre, le lendemain celle-ci est en mesure de livrer bataille à soixante lieues de là.

En vain objectera-t-on que l'ennemi pourra réunir toutes ses masses en un seul corps, car alors toute l'étendue des frontières occupées par l'armée offensive sera livrée sans défense aux courses de quelques corps détachés de la garde nationale ou de l'armée de ligne, qui battront la campagne, lèveront partout des contributions, et, ayant une retraite ouverte sur les railways de la circonférence, seront en mesure de se trouver réunies aux masses principales sur les points décisifs. Il est impossible d'ailleurs de pourvoir long-temps à la subsistance de 600,000 hommes réunis en un seul corps d'armée, et cette considération contraindra toujours l'armée envahissante à partager ses forces en plusieurs corps agissant séparément, et qu'il sera toujours possible de battre en détail.

L'importance militaire des railways de la circonférence portera peut-être à la rapprocher davantage du centre, afin de conserver plus long-temps à l'armée défensive les avantages qu'ils lui offrent, dans le cas où quelque échec l'aurait contrainte à rétrograder. Nous avons cependant préféré les faire circuler au milieu de la ceinture des places fortes qui garnissent la frontière, à cause de la facilité qu'ils donneront de les approvisionner et de faire concourir leurs garnisons aux opérations de l'armée active, et parce que leur position, plus rapprochée du territoire ennemi, rendra plus énergiques les moyens d'aggression qu'ils fournissent contre les forces dispersées de l'armée envahissante.

Pourtant, à moins de circonstances particulières, il sera bon de les placer à deux ou trois journées de marche de la frontière, afin de ménager au besoin le temps de réunir des forces suffisantes pour s'opposer aux incursions des corps légers que l'ennemi pourrait lancer pour détruire ou pour détériorer les railways sur quelque portion de leur étendue.

Autant que possible on les couvrira par des rivières, s'il en existe qui coulent à peu près parallèlement à la frontière. Le railway qui joint Lyon à Strasbourg suivra le cours du Rhin jusqu'aux frontières de Suisse. On sent que le passage du fleuve deviendra presque impossible devant un corps d'observation qui, à cheval sur le railway, pourra, au premier signal, se transporter en une ou deux heures sur le point où l'ennemi tente le passage, et jeter dans le fleuve les corps qui l'auront déjà effectué.

Revenons maintenant au système général de défense, et supposons que l'armée nationale, après avoir tiré tout le parti possible des moyens offensifs dont nous avons déjà parlé, soit contrainte de se retirer devant des forces supérieures: elle pourra d'abord courir les chances d'un combat, ayant à dos et à une petite distance le railway de la circonférence. Un jour de bataille, ce moyen rapide de communication lui donnera, sur une petite échelle, les mêmes avantages qu'il lui donnait à l'ouverture de la campagne sur les corps dispersés de l'ennemi. La distribution des forces sur toute la ligne de bataille pourra changer en un clin-d'œil; des corps considérables, transportés en un instant d'une aile à une autre, pourront fixer la victoire sur le point décisif. En cas d'échec, l'armée nationale, certaine de pouvoir prévenir l'ennemi sur les points menacés de l'intérieur de l'état, en courant sur l'un des railways du centre, effectuera sa retraite parallèlement à la frontière. Alors l'armée envahissante aura le choix, ou de pénétrer dans l'intérieur du royaume, en abandonnant ses communications, ou de suivre l'armée nationale dans sa retraite. Le premier parti n'est proposable que dans le cas où l'ennemi, vainqueur en bataille rangée, et attendu dans la capitale par un parti puissant prêt à lui ouvrir ses portes, serait certain de terminer la guerre en quinze jours. Le succès d'un moyen quelconque de résistance suppose la bonne volonté de se défendre; si elle n'existe pas, il faut courber la tête sous le joug.

Le second parti aura pour effet d'attirer l'ennemi le plus loin possible du centre de l'état, sur un terrain couvert de

places fortes, qui ouvriront un vaste champ aux combinaisons défensives, et permettront de traîner la guerre en longueur, en offrant à l'armée nationale des chances toujours re-
naissantes de succès.

Dans cette seconde hypothèse le but de la défense est parfaitement atteint, l'intérieur de l'état est préservé des maux
de la guerre. Indépendamment des difficultés que rencontre
l'ennemi sur son front d'opération, sa ligne d'opération, parallèle à la frontière, est menacée par les railways du centre
et par ceux de la circonférence qu'il n'a pas encore occupés
ou détruits.

Pour ajouter à l'évidence des considérations qui précèdent,
nous allons les appliquer à un nouvel exemple. Supposons que,
malgré les difficultés que présente l'entretien d'une armée immense concentrée sur un seul point, et le danger de livrer
sans défense une grande partie de ses frontières, l'ennemi
réunisse toutes ses forces et pénètre sur le territoire français par
Sarrebruck , se dirigeant sur Nanci. L'armée française, après
avoir épuisé les moyens de résistance que nous avons indiqués,
effectuera sa retraite, à cheval sur le railway de Strasbourg
à Paris, jusqu'à Verdun ; si l'ennemi possède des machines locomotives, à l'aide desquelles il puisse utiliser les railways qu'il
aura occupés, l'armée française les détruira en se retirant ,
sinon il est probable que l'ennemi ne manquera pas de le faire
pour ôter à ses adversaires les moyens qu'ils lui donneraient
d'agir plus tard sur ses communications. Arrivée à Verdun,
où le railway de la circonférence venant de Valenciennes
s'embranche sur celui du centre qui mène à Paris, l'armée de
ligne, dans le cas où la disproportion de force ne serait pas
trop considérable et où la capitale offrirait des chances de résistance, jetterait un corps léger sur le railway du centre qui
se dirige vers Paris, et effectuerait sa retraite sur le railway
de la circonférence. L'ennemi serait obligé de la suivre, et la
guerre continuerait au milieu d'un pays couvert de places
fortes. Toutes les garnisons depuis Verdun jusqu'à Dunkerque
appuieraient les opérations de l'armée de ligne, qui communi-
querait avec elles et recevrait ses renforts et ses munitions
tant par le railway de la circonférence que par celui qui va
de Paris à Valenciennes. D'autres corps lancés sur les railways

de la circonférence allant de Lyon à Strasbourg, composés de gardes nationales des provinces qu'ils traversent, et appuyés par les garnisons des places fortes, auraient ordre d'inquiéter ses communications et de se retirer devant des forces supérieures. Enfin, les gardes nationales de Paris, de la Normandie et des provinces de l'Ouest, réunies sur le railway de Paris à Verdun, auraient les mêmes instructions. L'armée ennemie serait donc obligée de détacher deux grands corps, l'un vers Strasbourg, l'autre vers Paris, pour couvrir ses communications, et de guerroyer avec le reste contre l'élite des forces nationales avec les chances les plus défavorables.

Si l'ennemi, se confiant sur des forces immenses, après avoir détaché deux corps, l'un sur Strasbourg, l'autre sur Mézières, marchait résolument sur Paris, l'armée de ligne le suivrait par une marche parallèle, ayant sa retraite ouverte sur le railway de Valenciennes à Paris, le préviendrait sur ce point décisif, et, au premier échec éprouvé par l'ennemi, se trouverait en 24 heures transportée par le même chemin sur ses communications, battrait le corps d'observation, et, s'établissant sur la ligne de retraite, ne laisserait à l'armée envahissante aucune chance de salut.

Ici se présente la question souvent agitée par les militaires et presque toujours résolue par l'affirmative : Est-il nécessaire de fortifier Paris? Quant à nous, nous ferons remarquer seulement que les railways qui joindront Paris aux provinces, permettant aux nombreux corps de garde nationale qu'ils fournissent de se porter rapidement sur le point menacé, offrent un moyen nouveau de défense qu'il faut faire entrer en parallèle avec des citadelles, des redoutes, des camps retranchés. Les avis peuvent être partagés sur leurs avantages relatifs. Nous croyons que les services que les railways sont appelés à rendre pendant la paix doivent les faire préférer. Il faut observer en outre que, si les environs de Paris devenaient le théâtre d'une lutte sérieuse, les nombreux railways que les besoins du commerce doivent faire circuler autour de la capitale pour établir une jonction entre ceux qui divergent de ce point central donneront à un général habile, chargé de la défense, des chances immenses de succès, en lui permettant de transporter en quelques instants de nombreuses réserves sur les points décisifs.

Nous pensons que ces moyens de défense, appuyés de fortifications passagères, élevées, si on le croit utile, à l'instant du danger, sont de nature à s'assurer complétement sur les suites d'une attaque dirigée contre la capitale.

D'ailleurs les conséquences désastreuses d'une défaite éprouvée par l'ennemi sous les murs de Paris, les forces énormes dont il devrait disposer pour assurer ses communications menacées par les railways de la circonférence, rendront peu probable une tentative aussi hardie.

––––––––

Nota. Pour éclaircir ce qui a été dit plus haut sur le transport des troupes sur des chemins de fer, il est bon d'entrer dans quelques détails numériques.

Calculons par exemple le nombre de machines locomotives nécessaires pour traîner une armée de 20,000 hommes d'infanterie et de 5,000 de cavalerie, avec 60 pièces de canons, et l'espace en longueur qu'elle occuperait sur le chemin de fer. Les données qui serviront de base à nos calculs sont les suivantes :

Chaque machine locomotive de la force de 10 chevaux traîne de 40 à 50 tonnes, sans comprendre dans ce poids celui des chariots.

Un homme pèse environ 64 kil.; ajoutant à cela 36 kil. pour ses armes et son bagage, nous compterons 100 kil. par homme d'infanterie.

Nous placerons sur une plateforme établie sur le train des chariots 3 hommes de front occupant 0ᵐ,75 en longueur : ce sera 4 hommes par mètre courant de chemin à une voie.

Prenons 250 kil. pour le poids d'un cheval : on en pourra placer 2 de front sur 2ᵐ,5 courant du chemin de fer à une voie ; une pièce de canon de 8 pèse avec son caisson environ

une pièce de canon de 8 pèse avec son caisson environ	1,5 tonnes
3 caissons de munitions de guerre	4,5
24 chevaux d'attelage	6,0
Total	12 tonnes

Chaque pièce de canon occupera en longueur environ	3 mètres
Les 3 caissons	9
Les 24 chevaux d'attelage	30
Total	42 mètres

Cela posé, si nous distribuons l'armée sur deux colonnes occupant les deux voies du chemin de fer, nous trouverons les résultats suivants pour le poids total à transporter et pour l'espace en longueur occupé.

	tonnes.	mètres.
20,000 hommes d'infanterie pèseront	2,000	
et occuperont un espace en longueur de		2,500
5,000 chevaux de cavalerie pèseront	1,250	
et occuperont un espace de		3,125
Les 5,000 cavaliers, armes et bagages, pèseront	500	
et occuperont un espace de		625
Enfin les 60 pièces de canon pèseront	720	
et occuperont un espace de		2,520

100 machines locomotives suffiront donc pour imprimer à cette armée une vitesse de 6 lieues par heure; admettant que chacune d'elle occupe avec son train d'approvisionnement 10 mètres de longueur du chemin à une voie à elles toutes, elles occuperont sur les deux voies un espace de 500

L'espace total occupé par une armée de 25,000 hommes sera donc de 9,270 mètres.

Totaux....	4,530	9,270

Le prix du transport, en y comprenant seulement les frais de halage, pourra être évalué à c.0,04 par tonne et par kilomètre.

Ainsi on transportera 25,000 hommes à 100 lieues en 24 heures pour 72,480 fr. Cette dépense serait couverte par l'économie faite sur la nourriture du soldat pendant 12 jours de marche qu'une armée emploie aujourd'hui à franchir cet espace.

Des modifications très simples apportées aux wagons ordinaires pourront les faire servir au transport de l'infanterie; les chevaux trouveront leur place dans les wagons employés au transport des bestiaux; quant à ceux destinés au transport de l'artillerie ou des voitures de bagages, il est probable qu'il faudra les construire d'une manière appropriée à ce genre de service, dans le but surtout de simplifier les manœuvres de chargement et de déchargement.

—

NOUVEAU PLAN

SUR LES COMMUNAUTÉS

D'ARTS ET MÉTIERS;

Ouvrage proposé aux États-Généraux.

« Un sage Conseiller est le bonheur des Rois ».
P. CORNEILLE.

Ajoutons : & des Peuples ; ce principe est aujourd'hui démontré jusqu'à l'évidence. Le moment présent paroît destiné à réformer les différens abus : un Souverain adoré de ses Sujets fait sa félicité, en les rendant heureux ; ses vœux se sont manifestés ; tous les François en sont pénétrés de reconnoissance : un Ministre éclairé se livre entièrement au travail pénible qu'exige une aussi grande tâche ; ses jours & ses veilles y sont consacrés. C'est remplir ses vues de bienfaisance & de patriotisme, que de soumettre à ses réflexions & à ses lumières tous les objets susceptibles de réformes.

L'Auteur de cet Ouvrage a la noble présomption de ne point craindre d'être confondu

A

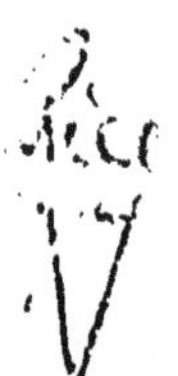

www.ingramcontent.com/pod-product-compliance
Ingram Content Group UK Ltd.
Pitfield, Milton Keynes, MK11 3LW, UK
UKHW021718130726
13696UKWH00004B/1900